Friggitrice ad aria: una guida per tutti

Una guida per le ricette piu' semplici e piu' gustose per friggitrici ad aria

Di
Elena Brown

© Copyright 2021 by Elena Brown - All rights reserved.

Questo documento è orientato a fornire informazioni esatte e affidabili riguardo all'argomento e alla questione trattata. La pubblicazione è venduta con l'idea che l'editore non è tenuto a rendere servizi contabili, ufficialmente autorizzati o altrimenti qualificati. Se è necessaria una consulenza, legale o professionale, è necessario rivolgersi a una persona esperta nella professione.

Da una dichiarazione di principi che è stata accettata e approvata allo stesso modo da un comitato dell'American Bar Association e da un comitato di editori e associazioni.

Non è legale riprodurre, duplicare o trasmettere qualsiasi parte di questo documento sia in formato elettronico che in formato cartaceo. La riproduzione di questa pubblicazione è severamente proibita, e qualsiasi memorizzazione di questo documento non è consentita se non con il permesso scritto dell'editore. Tutti i diritti riservati.

Le informazioni qui fornite sono dichiarate veritiere e coerenti, in quanto qualsiasi responsabilità, in termini di disattenzione o altro, da qualsiasi uso o abuso di qualsiasi politica, processo o procedimento contenuto all'interno è la solitaria e totale responsabilità del lettore destinatario. In nessun caso la responsabilità legale o la colpa sarà tenuta contro l'editore per qualsiasi riparazione, danno o perdita monetaria a causa delle informazioni qui contenute, direttamente o indirettamente.

I rispettivi autori possiedono tutti i diritti d'autore non detenuti dall'editore.

Le informazioni qui contenute sono offerte esclusivamente a scopo informativo e sono universali come tali. La presentazione delle informazioni è senza un contratto o qualsiasi tipo di assicurazione di garanzia.

I marchi utilizzati sono senza alcun consenso, e la pubblicazione del marchio non ha il permesso o il sostegno del proprietario del marchio. Tutti i marchi e le marche all'interno di questo libro sono solo a scopo chiarificatore e sono di proprietà dei proprietari stessi, non affiliati a questo documento.

Indice dei Contenuti

INTRODUZIONE **8**
COME FUNZIONANO QUESTE FRIGGITRICI? 8

CAPITOLO 1. RICETTE PER LA COLAZIONE **10**
1. COLAZIONE DOLCE IN CASSERUOLA 11
2. COLAZIONE ALLE UOVA IN CASSERUOLA ... 13
3. SALSICCIA, UOVA, E FORMAGGIO 15
4. SFORMATO AL FORMAGGIO 17
5. SBRICIOLATA DI BISCOTTI 19

CAPITOLO 2. RICETTE DI CONTORNI, SPUNTINI E ANTIPASTI **21**
6. RAVANELLI IN SALSA AL BURRO CON ERBE 22
7. FUNGHI PORTOBELLO RIPIENI DI SALSICCIA 24
8. CROCCHETTE DI CAVOLFIORE AL FORMAGGIO 26
9. CAVOLETTI DI BRUXELLES CROCCANTI 29
10. CHIPS DI ZUCCHINE AL PARMIGIANO 31
11. AGLIO ARROSTITO 33
12. CHIPS DI CAVOLO NERO 35
13. CAVOLFIORE ALLA SALSA BUFFALO 36
14. STUFATO DI FAGIOLINO 37
15. CAVOLFIORE ARROSTITO AL LIME E CORIANDOLO 40

CAPITOLO 3. RICETTE DI VERDURE E VEGETARIANE 42
   16. Carciofi al formaggio 43
   17. Carciofi in salsa speciale 45
   18. Insalata di barbabietole al prezzemolo 47
   19. Insalata di barbabietole e gorgonzola 49
   20. Insalata di barbabietole e rucola .. 50
   21. Beet Tomato and Goat Cheese Mix 52
   22. Insalata di broccoli 54
   23. Cavoletti di Bruxelles con pomodorini 55

CAPITOLO 4. RICETTE DI MAIALE, MANZO E AGNELLO 57
   24. Kebab di manzo 58
   25. Filetto di mignon e salsa ai funghi. 60
   26. Costata di manzo aromatizzata al caffe' 62
   27. Bistecche sale e pepe 64
   28. Salsiccia e cavolo nero 66
   29. Salsiccia e funghi 68

CAPITOLO 5. RICETTE DI PESCE E FRUTTI DI MARE 70
.... 70
   30. Filetto di dentice e verdure 71
   31. Gustoso dentice rosso 73
   32. Salmone alle spezie 75

33. SALMONE ALLA SPAGNOLA 77
34. SALMONE ALLA BARBABIETOLA 79

CAPITOLO 6. RICETTE DI CARNI BIANCHE 82
35. PETTO D'ANATRA ALLA CILIEGIA 83
36. PETTO D'ANATRA IN SALSA AL LAMPONE 85
37. PETTO D'ANATRA CON SALSA AI FICHI ... 87
38. PETTI D'ANATRA IN SALSA ROSSA-ARANCIO 90
39. POLLO ALLA MEDITERRANEA 92
40. PETTO DI POLLO FARCITO CON VERDURE 94

CAPITOLO 7. RICETTE DI DOLCI E DESSERT 96
41. TORTA AL POMODORO 97
42. BARRETTE AL CIOCCOLATO E MELOGRANO 99
43. BARRETTE DI MANDORLE E CIOCCOLATO 101
44. DOLCE AI MIRTILLI 103
45. TORTA AL MANDARINO 105
46. TORTA CON RICOTTA E LIMONE 107
47. PAN DI SPAGNA 109
48. TORTINE ALLA FRAGOLA 111

CAPITOLO 8. RICETTE PER IL PRANZO 114
49. SFORMATO DI PATATE 115
50. CARCIOFI AL LIMONE 117

CONCLUSIONE 119

Introduzione

La prima cosa da sapere prima di iniziare è che le friggitrici ad aria calda, in generale, possono funzionare con o senza olio. Anche se in molte friggitrici possiamo cucinare semplicemente con aria calda, se vogliamo ottenere una consistenza più simile a quella, per esempio, delle tipiche patatine fritte, avremo bisogno di un solo cucchiaio d'olio.

Questo è già un punto di partenza interessante perché per friggere le patatine fritte avremmo bisogno di almeno 500 ml. di olio, sia che le friggiamo in una padella o in una friggitrice ad olio. In questo senso, riducendo la quantità di grassi, otteniamo chiaramente un pasto più sano.

Come funzionano queste friggitrici?

Le friggitrici senza olio, in generale, funzionano grazie all'aria calda che circola per tutto il contenitore intorno al cibo e lo cuoce gradualmente. Grazie alla corrente elettrica, l'aria che esce dalle ventole, cuoce il cibo in modo molto simile alle friggitrici ad olio, rendendo la parte esterna molto croccante.

La verità è che questo tipo di friggitrice senza olio è ottima per tutti coloro che vogliono gustare deliziose patatine, gnocchi o straccetti di pollo impanati senza che siano stracolmi di grasso. Sicuramente, un'opzione molto più sana.

Capitolo 1. Ricette per la colazione

1. Colazione dolce in casseruola

Tempo di preparazione: 40 min circa | Dosi per: 4 persone | Difficoltá: Media

Ingredienti:

- 45 gr. di zucchero di canna
- 60 gr. di burro
- 30 gr. di zucchero
- ½ cucchiaino di cannella in polvere
- 60 gr. di farina

In casseruola:

- 2 uova
- 30 gr. di zucchero
- 300 gr. di farina
- 1 cucchiaino di bicarbonato

- 1 cucchiano di lievito in polvere
- 12o ml. di latte
- 240 ml di latticello
- 60 gr. di burro
- Scorza di un limone, grattugiata
- 270 gr. di mirtilli

Procedimento:

1. Mescolate in una ciotola 2 cucchiai di zucchero,la farina, il lievito in polvere,e versate il latte, il bicarbonato, il latticello e il burro. Infine aggiungete la scorza di limone e i mirtilli, mescolate ancora e mettete in una pentola adatta alla friggitrice.
2. In un'altra ciotola mescolate lo zucchero di canna con lo zucchero bianco rimasto, aggiungete il burro, la farina

e la cannella, mescolatelo fino a formare un impasto sbriciolato e versatelo sopra i mirtilli.
3. Mettete nella friggitrice preriscaldata e cuocete per 30 minuti a 150° C.
4. Distribuite nei piatti e servite a colazione.
5. Buon appetito!

Valori nutrizionali: Kcal: 214, Grassi: 5g, Fibre: 8g, Carboidrati: 12g, Proteine: 5g.

2. Colazione alle uova in casseruola

Tempo di preparazione: 30 min circa | Dosi per: 6 persone | Difficoltá: Media

Ingredienti:

- 450 gr. di macinato di tacchino

- 1 cucchiaio di olio d'oliva

- ½ cucchiaino di peperoncino in polvere
- 12 uova
- 1 patata dolce, tagliata a cubetti
- 30 gr. di spinaci novelli
- Sale e pepe q.b
- 2 pomodori, a pezzettini

Procedimento:

1. In una ciotola unite le uova con sale, pepe, peperoncino in polvere, aggiungete gli spinaci, la patata dolce e il tacchino, e sbattete bene con una frusta.
2. Scaldate la vostra friggitrice a 170° C, aggiungete un po' d'olio.
3. Mettete il composto di uova, nella friggitrice ben distribuito, chiudete e cuocete per 25 minuti.

4. Dividete tra i piatti e servite a colazione.
5. Buon appetito!

Valori nutrizionali: Kcal: 300, Grassi: 5g, Fibre: 8g, Carboidrati: 13g, Proteine: 6g.

3. Salsiccia, uova, e formaggio

Tempo di preparazione: 30 min circa | Dosi per: 4 persone | Difficoltá: Media

Ingredienti:

- 300 gr. di salsiccia, gia' cotta e sminuzzata
- 110 gr. di formaggio cheddar a scaglie
- 225 gr. di mozzarella a pezzettini
- 8 uova sbattute

- 240 ml. di latte
- Sale e pepe q.b
- Olio spray

Procedimento:

1. In una ciotola mescolate le salsicce con il formaggio, la mozzarella, le uova, il latte, il sale sbattete bene con una frusta e aggiungete il pepe.
2. Scaldate la friggitrice a 190° C, spruzzate l'olio spray, inserite le uova, e cuocete per circa 20 minuti.
3. Dividete in porzioni e servite.
4. Buon appetito!

Valori nutrizionali: Kcal: 320, Grassi: 6g, Fibre: 8g, Carboidrati: 12g, Proteine: 5g.

4. Sformato al formaggio

Tempo di preparazione: 30 min circa | Dosi per: 4 persone | Difficoltá: Media

Ingredienti:

- 4 fette di pancetta, gia' cotta e sminuzzata
- 480 ml. di latte
- 280 gr. of formaggio cheddar a scaglie
- 30 gr. di salsiccia grossa (da colazione), spellata e taglata a pezzettini
- 2 uova
- ½ cucchiaino di cipolla disidratata in polvere
- Sale e pepe q.b
- 15 gr. di prezzemolo tritato

- Olio spray

Procedimento:

1. Mescolate le uova in una ciotola con il latte, il formaggio, la cipolla in polvere, il sale, il pepe e il prezzemolo, sbattendo bene con una frusta.
2. Ungete di olio spray la vostra friggitrice, riscaldatela a 160° C, e aggiungete in seguito la pancetta e la salsiccia.
3. Versate il composto di uova sulla pancetta e cuocete ancora a temperatura media per 20 minuti.
4. Distribuite nei piatti.
5. Buon appetito!

Valori nutrizionali: Kcal: 214, Grassi: 5g, Fibre: 8g, Carboidrati: 12g, Proteine: 12g.

5. Sbriciolata di biscotti

Tempo di preparazione: 30 min circa | Dosi per: 8 persone | Difficoltá: Media

Ingredienti:

- 340 gr. di biscotti sbriciolati
- 45 gr. di farina
- 15 gr. di salsiccia a pezzettini
- Un pizzico di sale e pepe
- 600 ml. di latte
- Olio spray

Procedimento:

1. Versate l'olio da cucina nella friggitrice e riscaldatela a 170° C.
2. Sul bordo, incorporate i biscotti e mescolate con la salsiccia.
3. Aggiungete il burro, il sale e il pepe, amalgamate e fate cuocere per 15 minuti.
4. Dividete nei piatti e servite a colazione.
5. Buon appetito!

Valori nutrizionali: Kcal: 321, Grassi: 4g, Fibre: 7g, Carboidrati: 12g, Proteine: 5g.

Capitolo 2. Ricette di contorni, spuntini e antipasti

6. Ravanelli in salsa al burro con erbe

Tempo di preparazione: 20 min circa | Dosi per: 4 persone | Difficoltá: Facile

Ingredienti:

- 450 gr. di ravanelli
- 30 gr. di burro non salato fuso
- Aglio in polvere q.b
- ½ cucchiaino di prezzemolo essiccato
- Origano q.b
- Un pizzico di pepe nero macinato

Procedimento:

1. Separate i ravanelli dalle radici e tagliateli a pezzettini.

2. Poi versate il burro e i condimenti in una ciotola bassa. Passate i ravanelli nella miscela di burro e metteteli nel cestello della friggitrice.
3. Impostate la temperatura a 170° C e attivate il timer per 10 minuti.
4. Girate i ravanelli a metà cottura. Lasciateli raffreddare.
5. Servite caldi e buon appetito!

Valori nutrizionali: Kcal: 63, Proteine: 0.7 g Fibre: 1.3 g, Carboidrati Netti: 1.6 g Grassi: 5.4 g, Sodio: 28 mg Carboidrati: 2.9 g, Sugar: 1.4 g.

7. Funghi portobello ripieni di salsiccia

Tempo di preparazione: 16 min circa | Dosi per: 2 persone | Difficoltá: Facile

Ingredienti:

- 6 funghi larghi portobello
- 225 gr. di salsiccia tipo Italiano
- 35 gr. di cipolla affettata finemente
- 30 gr. di farina di mandorle macinata finemente
- 25 gr. di Parmigiano grattugiato
- 1 cucchaino di aglio tritato

Procedimento:

1. Usando un cucchiaio scavate all'interno la calotta dei funghi e mettetela da parte.

2. Rosolate la salsiccia in una casseruola a fuoco medio per circa 10 minuti, o fino a quando è completamente cotta e non rosa. A questo punto, aggiungete i pezzetti di funghi conservati da parte, il cavolo, la farina di mandorle, il parmigiano e l'aglio. Miscelate gli ingredienti insieme con cura e continuate la cottura per un altro minuto, poi togliete dal fuoco.
3. Distribuite il composto nei fondi di funghi in modo uniforme e metteteli in una pirofila rotonda del diametro di 15 cm. Mettete poi la pirofila nel cestello della friggitrice.
4. Impostate la temperatura a 190° C e attivate il timer per 8 minuti.
5. Al termine della frittura la parte superiore sarà dorata e fumante e i funghi teneri. Serviteli caldi.

Valori nutrizionali: Kcal: 404, Proteine: 24.3 g Fibre: 4.5 g, Carboidrati Netti: 13.7 g Grassi: 25.8 g, Sodio: 1,106 mg Carboidrati: 18.2 g Zuccheri: 8.1 g.

8. Crocchette di cavolfiore al formaggio

Tempo di preparazione: 30 min circa| Dosi per: 6 persone | Difficoltá: Facile

Ingredienti:

- 1 cavolfiore grande
- 225 gr. di mozzarella a pezzettini
- 50gr. di Parmigiano grattugiato
- 1 uovo grande
- Un pizzico di aglio in polvere

- Prezzemolo essiccato q.b
- Un pizzico di cipolla disidratata in polvere

Procedimento:

1. Riempite una pentola grande con mezzo litro d'acqua e mettetela sul fornello, e inserite una vaporiera. Staccate le cimette dal gambo ottenendo tanti piccoli fiori e metteteli a sbollentare coprendo con un coperchio.
2. Lasciate cuocere a vapore il cavolfiore per 7 minuti fino a quando diventa tenero. Sistematelo su un canovaccio da cucina pulito una volta scolato dal cestello e lasciate raffreddare. Cercate di eliminare quanta più acqua possibile agitandolo bene nel lavandino. Se non viene eliminata l'a cqua in eccesso, il composto risultera' troppo

morbido per formare le crocchette. Schiacciate dunque il cavolfiore con una forchetta fino ad ottenere una consistenza cremosa.

3. In una grande ciotola, mettete il cavolfiore e aggiungete la mozzarella, il parmigiano, l'uovo, l'aglio in polvere, il prezzemolo e la cipolla in polvere. Mescolate fino a quando non è ben amalgamato. La miscela dovrebbe essere liscia e omogenea ma modellabile.

4. Prendete 2 cucchiai di miscela e arrotolate la miscela a forma di crocchetta. Ripetete quindi con il composto rimasto. Mettete poi nel cestello della friggitrice.

5. Impostate la temperatura a 160° C e attivate il timer per 12 minuti.

6. Girate le crocchette a metà cottura. A cottura ultimata, le crocchette di cavolfiore

devono essere dorate. Servitele calde.

Valori nutrizionali: Kcal: 181, Proteine: 13.5 g, Fibre: 3.0 g, Carboidrati Netti: 6.6 g Grassi: 9.5 g, Sodio: 417 mg, Carboidrati: 9.6 g Zuccheri: 3.2 g.

9. Cavoletti di Bruxelles croccanti

Tempo di preparazione: 15 min circa | Dosi per: 4 persone | Difficoltá: Facile

Ingredienti:

- 450 gr. di cavoletti di Bruxelles
- 1 cucchiaio di olio di cocco
- 1 cucchiaio di burro non salato, fuso

Procedimento:

1. Estraete tutti i germogli o le foglie dai cavoletti e tagliateli a metà.
2. Cospargete di olio di cocco e metteteli in seguito nel cestello della friggitrice.
3. Impostate la temperatura a 200° C e attivate il timer per 10 minuti. Si consiglia di mescolare leggermente a metà cottura, a seconda di come iniziano a dorarsi.
4. Quando sono completamente cotti, dovrebbero risultare teneri con punti caramellati più scuri. Condite con burro fuso e toglieteli dalla friggitrice. Servite immediatamente.

Valori nutrizionali: Kcal: 90, Proteine: 2.9 g Fibre: 3.2 g Carboidrati Netti: 4.3 g Grassi: 6.1 g, Sodio: 21 mg Carboidrati: 7.5 g Zuccheri: 1.9 g.

10. Chips di zucchine al Parmigiano

Tempo di preparazione: 20 min circa | Dosi per: 1 persona | Difficoltá: Facile

Ingredienti:

- 2 zucchine
- 30 gr. di cotenna di maiale
- 50 gr. di Parmigiano grattugiato
- 1 uovo grande

Procedimento:

1. Affettate le zucchine a strisce circa 6 cm spesse. Tenetele 30 minuti tra due strati di carta assorbente per eliminare ogni eccesso di umidità.
2. Mettete la cotenna di maiale in un robot da cucina e tritate finemente. Versate in

una ciotola media e unitela al parmigiano.
3. Sbattete l'uovo in una terrina bassa.
4. Immergete le fette di zucchina nella miscela di uova e poi nella miscela di cotenna di maiale, coprendole il più accuratamente possibile. Mettete ogni fetta nella friggitrice, poco alla volta.
5. Impostate la temperatura a 160° C e attivate un timer di 10 minuti.
6. Girate le chips a metà cottura. Servitele calde e buon appetito!

Valori nutrizionali: Kcal: 121, Proteine: 9.9 g Fibre: 0.6 g Carboidrati Netti: 3.2 g, Grassi: 6.7 g, Sodio: 364 mg Carboidrati: 3.8 g Zuccheri: 1.6 g.

11. Aglio arrostito

Tempo di preparazione: 20 min circa | Dosi per: 1 persona | Difficoltá: Facile

Ingredienti:

- 1 testa d'aglio
- 10 ml. circa di olio di avocado

Procedimento:

1. Rimuovete la buccia dall'aglio che copre ancora gli spicchi. Tagliate le estremita'dell'aglio.
2. Spruzzate l'olio di avocado. Mettete la testa d'aglio in un piccolo foglio di alluminio e chiudetelo completamente. Mettetelo nel cestello della friggitrice.
3. Imposta la temperatura a 200° C e attivate il timer per 20 minuti. Se la testa d'aglio

è un po' più piccola, considerate 15 minuti.
4. Al termine, l'aglio dovrebbe essere dorato e sofficissimo.
5. Gli spicchi d'aglio dovrebbero essere estratti per essere mangiati o affettati rapidamente. Si possono conservare in frigorifero in un barattolo ermetico per un massimo di 5 giorni. Si possono anche congelare i singoli spicchi su un foglio di carta da forno, poi conservarli congelati in un barattolo in freezer.

Valori nutrizionali: Kcal: 11, Proteine: 0.2 g, Fibre: 0.1 g Carboidrati Netti: 0.9 g Grassi: 0.7 g, Sodio: 0 mg, Carboidrati: 1.0 g Zuccheri: 0.0 g.

12. Chips di cavolo nero

Tempo di preparazione: 10 min circa | Dosi per: 4 persone | Difficoltá: Facile

Ingredienti:

- 120 gr. di cavolo nero al vapore
- 10 ml. di olio di avocado
- Un pizzico di sale

Procedimento:

1. Saltate il cavolo nell'olio di avocado in una padella grande e condite con il sale. Mettetelo quindi nel cestello della friggitrice.
2. Impostate la temperatura a 200° C e attivate il timer per 5 minuti.
3. Quando è pronto, il cavolo sarà croccante. Servite immediatamente.

Valori nutrizionali: Kcal: 25, Proteine: 0.5 g Fibre: 0.4 g, Carboidrati Netti: 0.7 g Grassi: 2.2 g, Sodio: 295 mg Carboidrati: 1.1 g Zuccheri: 0.3 g.

13. Cavolfiore alla salsa buffalo

Tempo di preparazione: 10 min circa | Dosi per: 4 persone| Difficoltá: Facile

Ingredienti:

- 400 gr. di cavolfiore florets

- 30 gr. di burro non salato, fuso

- 1/2 pacchetto di condimento ranch in polvere

- 60 ml. di salsa piccante buffalo

Procedimento:

1. In una ciotola grande, mescolate il cavolfiore con il

burro e il condimento ranch. Mettere nel cestello della friggitrice.
2. Regolate la temperatura a 200°C e impostate il timer per 5 minuti.
3. Agitate il cestello due o tre volte durante la cottura. Quando è tenero, togliere il cavolfiore dal cestello della friggitrice e saltatelo con la salsa piccante buffalo. Servite caldo.

Valori nutrizionali: Kcal: 87, Proteine: 2.1 g Fibre: 2.1 g, Carboidrati Netti: 5.2 g Grassi: 5.6 g, Sodio: 803 mg Carboidrati: 7.3 g Zuccheri: 2.1 g.

14. Stufato di fagiolino

Tempo di preparazione: 15 min circa | Dosi per: 4 persone | Difficoltá: Facile

Ingredienti:

- 60 gr. di burro non salato

- 25 gr. di cipolla gialla a cubetti

- 45 gr. di funghetti bianchi tagliati

- 115 gr. di panna da montare

- 30 gr. di formaggio spalmabile

- 475 ml. di brodo di pollo

- Un pizzico di gomma xantana

- 450 gr. di fagiolini freschi spuntati

- 14 gr. di cotenna di maiale tritata

Procedimento:

1. Sciogliete il burro in una casseruola a fuoco basso. Cuocete la cipolla e i funghi per circa 3-5 minuti prima

che diventino morbidi e fragranti.
2. Mettete nella casseruola la panna montata, il formaggio spalmabile e il brodo e mischiate tutto. Portate a ebollizione, poi diminuite a fuoco lento. Versate la gomma xantana nella pentola e lasciate cuocere.
3. Tagliate i fagiolini in 2 e metteteli in una teglia rotonda da 4 coppette (per muffin). Versate la miscela dentro. Completate con la cotenna di maiale macinata sopra.
4. Impostate la temperatura a 160° C e attivate il timer per 15 minuti.
5. Quando la cottura è completa, saranno dorati e i fagiolini teneri. Servite caldi.

Valori nutrizionali: Kcal: 267, Proteine: 3.6 g, Fibre: 3.2 g, Carboidrati Netti: 6.5 g Grassi: 23.4 g, Sodio: 161 mg, Carboidrati: 9.7 g, Zuccheri: 5.1 g.

15. Cavolfiore arrostito al lime e coriandolo

Tempo di preparazione: 17 min circa | Dosi per: 4 persone | Difficoltá: Facile

Ingredienti:

- 200 gr. di cimette di cavolfiore a pezzettini
- 30 ml. di olio di cocco, sciolto
- 10 gr. di peperoncino in polvere
- 1/2 cucchiaino di aglio in polvere
- 1 lime medio
- 30 gr. di coriandolo

Procedimento:

1. Mescolate il cavolfiore in un'ampia ciotola con l'olio di cocco. Cospargete con peperoncino macinato e l'aglio. Mettete poi il cavolfiore condito nel cestello della friggitrice.
2. Impostate la temperatura a 170° C e attivate il timer per 7 minuti.
3. Il cavolfiore diventera' morbido e dorato sui lati. Mettetelo quindi in un piatto da portata.
4. Tagliate il lime in quattro e versate il succo sopra il cavolfiore. Guarnite con il coriandolo.
5. Buon appetito!

Valori nutrizionali: Kcal: 73, Proteine: 1.1 g Fibre: 1.1 g, Carboidrati Netti: 2.2 g Grassi: 6.5 g, Sodio: 16 mg Carboidrati: 3.3 g Zuccheri: 1.1 g.

Capitolo 3. Ricette di verdure e vegetariane

16. Carciofi al formaggio

Tempo di preparazione: 15 min circa | Dosi per: 6 persone | Difficoltá: Facile

Ingredienti:

- 400 gr. di cuori di carciofo in scatola

- 225 gr. di formaggio spalmabile

- 16 ounces of parmesan cheese, grated

- 300 gr. di spinaci

- 100 ml. di brodo di pollo

- 225 gr. di mozzarella a pezzettini

- 115 ml. di panna acida

- 3 spicchi d'aglio tritato

- 100 ml. di maionese

- 1 cucciaino di cipolla in polvere

Procedimento:

1. Mescolate i carciofi nel brodo, con l'aglio, gli spinaci, il formaggio spalmabile, insieme alla panna acida, alla cipolla in polvere e alla maionese in una casseruola adatta alla vostra friggitrice, mettetela dunque a cuocere per 6 minuti a 170° C.
2. Aggiungete il parmigiano e la mozzarella, poi miscelate bene e servite.
3. Buon appetito!

Valori nutrizionali: Kcal: 261, Grassi: 12g, Fibre: 2g, Carboidrati: 12g, Proteine: 15g.

17. Carciofi in salsa speciale

Tempo di preparazione: 15 min circa | Dosi per: 2 persone | Difficoltá: Facile

Ingredienti:

- 2 carciofi, tagliati
- Un filo di olio d'oliva
- 2 spicchi d'aglio tritato
- 1 cucchiaio di succo di limone

Per la salsa:

- 60 ml. di olio di cocco
- 60 ml. di olio EVO
- 3 filetti di acciuga
- 3 spicchi d'aglio

Procedimento:

1. In una ciotola, mescolate i carciofi con l'olio, 2 spicchi d'aglio, e il succo di limone, quindi trasferiteli nella vostra friggitrice, cuocete a 170° C per 6 minuti e divideteli nei piatti.
2. Nel vostro robot da cucina, mescolate l'olio di cocco con le acciughe, 3 spicchi d'aglio e l'olio d'oliva, mescolate molto bene, versate sui carciofi e servite.
3. Buon appetito!

Valori nutrizionali: Kcal: 261, Grassi: 4g, Fibre: g7, Carboidrati: 20g, Proteine: 12g.

18. Insalata di barbabietole al prezzemolo

Tempo di preparazione: 25 min circa | Dosi per: 4 persone | Difficoltá: Facile

Ingredienti:

- 4 barbabietole
- 30ml. di aceto balsamico
- Un mazzetto di prezzemolo, tritato
- Sale e pepe q.b
- 1 cucchiaio d'olio EVO
- 1 spicchio d'aglio, tritato
- 30 gr. di capperi

Procedimento:

1. Mettete le barbabietole nella vostra friggitrice e cuocetele per 14 minuti a 180° C.
2. Nel frattempo, frullate il prezzemolo con l'aglio, il sale, il pepe, l'olio d'oliva e i capperi in una ciotola e mescolate molto bene.
3. Trasferite le barbabietole su un tagliere, lasciatele raffreddare, sbucciatele, e mettetele in una ciotola di insalata.
4. Aggiungete l'aceto, cospargete il tutto con il condimento di prezzemolo e servite.
5. Buon appetito!

Valori nutrizionali: Kcal: 70, Grassi: 2g, Fibre: 1g, Carboidrati: 6g, Proteine: 4g.

19. Insalata di barbabietole e gorgonzola

Tempo di preparazione: 25 min circa | Dosi per: 6 persone | Difficoltá: Facile

Ingredienti:

- 6 barbabietole, sbucciate e divise in quattro
- Sale e pepe q.b
- F0 gr. di formaggio tipo gorgonzola, sbriciolato
- 1 cucchiaio di olio d'oliva

Procedimento:

1. Mettete le barbabietole nella friggitrice, fatele cuocere per 14 minuti a 170° C e poi trasferitele in una ciotola.
2. Unite il formaggio, il sale, il pepe e l'olio, poi mescolate e servire.

3. Buon appetito!

Valori nutrizionali: Kcal: 100, Grassi: 4g, Fibre: 4g, Carboidrati: 10g, Proteine: 5g.

20. Insalata di barbabietole e rucola

Tempo di preparazione: 20 min circa | Dosi per: 4 persone | Difficoltá: Facile

Ingredienti:

- 650 gr. di barbabietole sbucciate e divise in quattro

- Un filo di olio d'oliva

- 2 cucchiaini di scorza di arancia grattugiata

- 30 ml. di aceto di mele

- 115 ml. di succod'arancia

- 30 gr. di zucchero di canna

- 2 scalogni, tagliati finemente
- 10 ml. di salsa di senape
- 50 gr. di rucola

Procedimento:

1. Immergete le barbabietole nell'olio e il succo d'arancia, mettetele nella vostra friggitrice ad aria e cuocetele per 10 minuti a 170° C.
2. Passate le barbabietole in un piatto, aggiungete lo scalogno, la scorza d' arancia e la rucola, e mescolate.
3. Mescolate lo zucchero con la senape e l'aceto in un piatto a parte, miscelate bene, aggiungete la barbabietola, mescolate e servite.
4. Buon appetito!

Valori nutrizionali: Kcal: 121, Grassi: 2g, Fibre: 3g, Carboidrati: 11g, Proteine: 4g.

21. Beet Tomato and Goat Cheese Mix

Tempo di preparazione: 45 min circa | Dosi per: 8 persone | Difficoltá: Facile

Ingredienti:

- 8 barbabietole piccole, sbucciate e tagliate a meta'
- 1 cipolla rossa, affettata
- 110 gr. di formaggio di capra, a pezzettini
- 1 cucchiaio di aceto balsamico
- Sale e pepe q.b
- 30 gr. di zucchero
- 470 gr. di pomodoro ciliegino
- 60 gr. di noci pecan
- 2 cucchiai di olio d'oliva

Procedimento:

1. Mettete le barbabietole nella vostra friggitrice ad aria, conditele con sale e pepe, cuocetele a 170° C per 14 minuti e trasferitele in un'insalatiera.
2. Aggiungete la cipolla, i pomodorini e le noci pecan e mescolate.
3. In un'altra ciotola, preparate il condimento unendo l'aceto con lo zucchero e l'olio, miscelandoli bene fino a quando lo zucchero si sia sciolto e versatelo poi sull'insalata.
4. Aggiungete infine anche il formaggio di capra, mescolate e servite.
5. Buon appetito!

Valori nutrizionali: Kcal: 124, Grassi: 7g, Fibre: 5g, Carboidrati: 12g, Proteine: 6g.

22. Insalata di broccoli

Tempo di preparazione: 20 min circa | Dosi per: 8 persone | Difficoltá: Facile

Ingredienti:

- 1 testa di broccoli, con le cimette separate
- 1 cucchiaio di olio di arachidi
- 6 spicchi d'aglio, tritati
- 1 cucchiaio di aceto di vino di riso cinese
- Sale e pepe q.b

Procedimento:

1. Mescolate i broccoli con sale, pepe e metà dell'olio in una ciotola, agitate bene, trasferiteli nella vostra friggitrice e cuoceteli per 8 minuti a 17° C, scuotendo la friggitrice a metà cottura.

2. Trasferite i broccoli in un'insalatiera, versate l'olio di arachidi rimanente, l'aglio e l'aceto di riso, mescolate e servitevi pure.
3. Buon appetito!

Valori nutrizionali: Kcal: 121, Grassi: 3g, Fibre: 4g, Carboidrati: 4g, Proteine: 4g.

23. Cavoletti di Bruxelles con pomodorini

Tempo di preparazione: 15 min circa | Dosi per: 4 persone | Difficoltá: Facile

Ingredienti:

- 450 gr. di cavoletti di Bruxelles

- Sale e pepe q.b

- 6 pomodorini ciliegino, tagliati a meta'

- 60 gr. Di cipollotti verdi, tagliati a cubetti

- 1 cucchiaio di olio d'oliva

Procedimento:

1. Condire i cavoletti di Bruxelles con sale e pepe, metteteli nella friggitrice e cuoceteli per 10 minuti a 170° C.
2. Metteteli in una ciotola, aggiungete sale, pepe, pomodorini, olio d'oliva e cipollotti verdi, amalgamate bene il tutto e servite.
3. Buon appetito!

Valori nutrizionali: Kcal: 121, Grassi: 4g, Fibre: 4g, Carboidrati: 1g1, Proteine: 4g.

Capitolo 4. Ricette di maiale, manzo e agnello

24. Kebab di manzo

Tempo di preparazione: 20 min circa | Dosi per: 4 persone | Difficoltá: Facile

Ingredienti:

- 2 peperoni tagliati a pezzettini

- 900 gr. di controfiletto di manzo, tagliato a fette di medio spessore

- 1 cipolla rossa, tagliata finemente

- 1 zucchina

- Succo di 1 lime

- 30 gr. di peperoncino macinato

- 480 ml. di salsa piccante

- 1/2 cucchiaino di cumino

- 60 ml. di olio d'oliva

- 60 ml. di salsa
- Sale e pepe q.b

Procedimento:

1. Mescolate la salsa in una ciotola con il succo di lime, l'olio, la salsa piccante, aggiungete il peperoncino in polvere e il cumino, pepe nero e sale e girate bene.

2. S Iniziate a dividere negli spiedini i peperoni, la carne, le zucchine e il pomodoro, spennellate, metteteli nei vostri kebab con la miscela di salsa che avete fatto prima nella friggitrice preriscaldata, e infornate a 180 °C per 10 minuti.

3. Dividete in piatti e servite con un'insalata di contorno.

Buon appetito!

Valori nutrizionali: Kcal: 170, Grassi: 5g, Fibre: 2g, 13 Zuccheri: 13, Proteine: 16g.

25. Filetto di mignon e salsa ai funghi

Tempo di preparazione: 35 min circa | Dosi per: 4 persone | Difficoltá: Media

Ingredienti:

- 12 funghi tipo champignon tagliati a fette
- 1 scalogno tritato
- 2 spicchi d'aglio tritati
- 950 ml. di olio d'oliva
- 60 gr. di salsa di senape
- Un goccio di vino
- 30 gr. di prezzemolo tritato
- Sale e pepe q.b

Procedimento:

1. Riscaldate una casseruola con l'olio a fiamma

moderata, aggiungete l'aglio e mescolate gli scalogni, e fate soffriggere per tre minuti.
2. Aggiungete i funghi, e cuocete a fuoco lento mescolando per altri quattro minuti.
3. Sfumate con il vino, mescolate e cuocete a fuoco lento fino a quando sarà evaporato.
4. Aggiungete un pizzico di sale, la senape, e il prezzemolo, e mescolate. Fate cuocere a fuoco lento per altri sei minuti poi togliete dal fuoco.
5. Condite i filetti con sale e peperoncino, metteteli nella friggitrice e cuocete per dieci minuti, a 180° C.
6. Dividete i filetti nei piatti e servite con la salsa di funghi sopra.
7. Buon appetto!

Valori nutrizionali: Kcal: 340, Grassi: 12g, Carboidrati: 14g, Proteine: 23g.

26. Costata di manzo aromatizzata al caffe'

Tempo di preparazione: 25 min circa | Dosi per: 4 persone | Difficoltá: Media

Ingredienti:

- 200 gr. di caffe'
- 4 costate di manzo
- 80 gr. di paprika
- 30 gr. di pepe macinato
- 2 cucchiai di aglio in polvere
- 290 gr. di cipolla in polvere
- ½ cucchiaino di concentrato di zenzero

- Un pizzico di coriandolo
- Un cucchiaio di peperoncino di cayenna
- Pepe nero q.b

Procedimento:

1. Mescolate il caffè in una ciotola con la paprika, il peperoncino in polvere, l'aglio in polvere, la cipolla in polvere, l'aglio, il coriandolo, il pepe nero, e amalgamate. Frizionate le costate con questa miscela, mettete nella friggitrice in aria calda e cuocete a 180° F per 15 min.
2. Dividete le costate nei piatti e servite con un'insalata di contorno.
3. Buon appetto!

Valori nutrizionali: Kcal: 160, Grassi: 10g, Zuccheri: 14, Proteine: 12g.

27. Bistecche sale e pepe

Tempo di preparazione: 20 min circa | Dosi per: 4 persone | Difficoltá: Media

Ingredienti:

- 30 gr. di peperoncino macinato
- 4 bistecche di media grandezza
- 1 cucchiaino di cumino
- 1 cucchiaio di paprika dolce
- 1 cucchiaino di cipolla in polvere
- 1 cipolla rossa piccola affettata
- 2 pomodori, tagliati a fette
- 2 spicchi d'aglio tritati finemente

- 2 cucchiai di succo di lime
- 1 peperoncino verde tagliato a pezzettini
- 1 peperoncino piccante jalapeno, diviso in due
- 30 gr. di coriandolo
- Un pizzico di cumino

Procedimento:

1. Mescolate il peperoncino in polvere in un piatto con un tocco di sale e pepe nero, e mescolate la cipolla in polvere, l'aglio in polvere, il pepe, e 1 cucchiaino di cumino, misccelate bene per condire le bistecche con questo misto di spezie, mettetele in padella e cuocete per dieci minuti, a 180° C.
2. Frullate la cipolla rossa in una terrina con il peperoncino jalapeno, i pomodori,aggiungete il

coriandolo, l'aglio, il succo di lime, il peperone, il peperoncino giallo e il cumino e mescolate.
3. Ricoprite le bistecche con la miscela e servite immediatamente.
4. Buon appetto!

Valori nutrizionali: Kcal: 200, Grassi: 12g, Zuccheri:15g, Proteine: 18g.

28. Salsiccia e cavolo nero

Tempo di preparazione: 30 min circa| Dosi per: 4 persone| Difficoltá: Media

Ingredienti:

- 130 gr. di cipolla gialla tagliata finemente

- 470 gr. di salsiccia tagliata a fette

- 45 gr. di peperoni rossi tagliati finemente
- Sale e pepe q.b
- 225 gr. di cavolo nero, spuntato
- 1 cucchiaino di aglio tritato
- 30 gr. di peperoncino piccante, affettato finemente
- 240 ml. di acqua

Procedimento:

1. Unite la salsiccia con la cipolla in una casseruola adatta alla vostra friggitrice, mischiatevi poi il peperoncino, il sale, il pepe, il cavolo, l'aglio, il peperoncino, l'acqua, e fate amalgamare bene saltandolo in padella. Mettete poi in friggitrice e cuocete per 20 minuti a 150 ° C.
2. Distribuite il tutto nei piatti e servite.
3. Buon appetito!

Valori nutrizionali: Kcal: 150, Grassi: 4g, Fibre: 1g, Carboidrati 12g, Proteine: 14g.

29. Salsiccia e funghi

Tempo di preparazione: 50 min circa | Dosi per: 6 persone | Difficoltá: Media

Ingredienti:

- 3 peperoni rossi tagliati a cubetti

- 900 gr. di salsiccia affettata a rondelle

- Sale e pepe nero q.b

- 900 gr. di funghi champignon tagliati a cubetti

- 2 cipolle tagliate finemente

- 1 cucchiaino di zucchero di canna

- 1 cucchiaino di olio d'oliva

Procedimento:

1. Mescolate le rondelle di salsiccia nell'olio in una grande ciotola adatta alla friggitrice, condite con sale, pepe, aggiungete poi i funghi, la cipolla, lo zucchero, e saltate. Mettete quindi in friggitrice e cuocete a 150 ° per 40 minuti.
2. Dividete nei piatti e servite immediatamente.
3. Buon appetto!

Valori nutrizionali: Kcal: 130, Grassi: 12g, Fibre: 1g, Zuccheri 13g, Proteine: 18g.

Capitolo 5. Ricette di pesce e frutti di mare

30. Filetto di dentice e verdure

Tempo di preparazione: 24 min circa | Dosi per: 2 persone | Difficoltá: Media

Ingredienti:

- 2 filetti di dentice rosso, disossato
- 1 cucchiaio di olio d'oliva
- 120 gr. di peperone rosso
- 120 gr. di peperone verde
- 120 gr. di porri, split
- Sale e pepe q.b
- 1 cucchiaino di dragoncello essiccato
- vino bianco per sfumare

Procedimento:

1. Salate i filetti di pesce in un piatto resistente al calore e adatto alla vostra friggitrice. Aggiungete pepe, olio, il peperone verde, il peperone rosso, i porri, il dragoncello e un po' di vino. Mescolate bene il tutto, preriscaldate la friggitrice a 170° C e cuocete per 14 minuti, girando i filetti di pesce a metà cottura.
2. Dividete il pesce e le verdure nei piatti da portata, servite.
3. Buon appetito!

Valori nutrizionali: Kcal: 300, Grassi: 12g, Fibre: 8g, Carboidrati: 29g, Proteine: 12g.

31. Gustoso dentice rosso

Tempo di preparazione: 45 min circa | Dosi per: 4 persone | Difficoltá: Media

Ingredienti:

- 1 dentice rosso grande, gia' pulito e inciso
- Sale e pepe q.b
- 3 spicchi d'aglio, tritati
- 1 peperoncino piccante jalapeno, diviso
- 110 gr. di okra, tritata
- 15 gr. di burro
- 30 ml. di olio d'oliva
- 1 peperone rosso tagliato a cubetti
- 30 ml.di vino bianco

- 2 cucchiai di prezzemolo tritato

Procedimento:

1. Mescolate il peperoncino jalapeno, con il vino e l'aglio in una ciotola, mischiate bene e friggete insieme al dentice.
2. Condite con sale e pepe e lasciate da parte.
3. Nel frattempo, accendete a fuoco medio una casseruola con 1 cucchiaio di burro, aggiungete il mix di pepe e okra, e fate cuocere per 5 minuti.
4. Riempite la pancia del dentice rosso con questa miscela, introducete il prezzemolo e spennellate con l'olio d'oliva.
5. Mettetelo in friggitrice a cuocere per 15 minuti a 200° F, girando il pesce a metà cottura.
6. Dividete nei piatti e servite.
7. Buon appetito!

Valori nutrizionali: 261, Grassi: 7g, Fibre: 18g, Carboidrati: 28g, Proteine: 18g.

32. Salmone alle spezie

Tempo di preparazione: 1h 6 min circa | Difficoltá: Media

Ingredienti:

- 1 salmone intero
- 1 cucchiaio di aneto, tritato
- 1 cucchiaio di dragoncello, tritato
- 1 cucchiaio di aglio tritato
- Succo di 2 lemoni.
- Sale e pepe q.b

Procedimento:

1. Condite il pesce con sale, pepe e succo di limone in una grande ciotola, mescolate bene scuotendo la ciotola. Tenetelo in frigorifero per 1 ora.
2. Farcite il salmone con fette di aglio e zenzero, mettetelo nel cestello della vostra friggitrice. Cuocete per 25 minuti, a 160° C.
3. Dividete tra i piatti e servite con una deliziosa insalatina russa.
4. Buon appetito!

Valori nutrizionali: Kcal: 300, Grassi: 8g, Fibre: 9g, Carboidrati: 19g, Proteine: 27g.

33. Salmone alla spagnola

Tempo di preparazione: 25 min circa | Dosi per: 6 persone | Difficoltá: Media

Ingredients:

- 230gr. di crostini di pane
- 3 cipolle rosse, tagliate a spicchi di media grandezza
- 135 gr. di olive verdi, snocciolate
- 3 peperoni rossi, tagliati a spicchi di media grandezza
- 1/2 cucchiaino di paprika affumicata
- Sale e pepe q.b
- 2 l. di olio d'oliva
- 6 filetti di salmone gia' puliti e senza pelle
- 30 gr. di prezzemolo tritato

Procedimento:

1. Sistemate i crostini di pane in un piatto resistente al calore e adatto alla vostra friggitrice. Aggiungete le cipolle a spicchi, il peperone, le olive, spargendoli sopra e condite con il sale, la paprika, 3 cucchiai di olio d'oliva, quindi mescolate bene, inserite nella friggitrice nell'aria, e cuocete per 7 minuti a 356° F.
2. Coprite il salmone con l'olio rimanente, aggiungete le verdure e cuocete ancora a 180° C per otto minuti.
3. Dividete il pesce e le verdure nei piatti, cospargete il prezzemolo e servite.
4. Buon appetto!

Valori nutrizionali: Kcal: 321, Grassi: 8g, Fibre: 14g, Carboidrati: 27g, Proteine: 22g.

34. Salmone alla barbabietola

Tempo di preparazione: 35 min circa | Dosi per: 4 persone | Difficoltá: Media

Ingredienti:

- 450 gr. di barbabietola media, tagliata

- 2,5 l. di olio d'oliva

- 1,5 kg. di filetti di salmone senza pelle

- Sale e pepe q.b

- 1 cucchiaio di erba cipollina a cubetti

- 15 gr. prezzemolo, tritato

- 15 gr. di dragoncello fresco tritato

- 45 gr. di trito di scalogno

- Scorza di un limone

- 60 ml. di succo di limone
- 500 gr. di verdure biologiche (tipo per neonati)

Procedimento:

1. Mescolate le barbabietole con 1/2 cucchiaio di olio in una ciotola e mescolatele bene ricoprendole.
2. Cospargete con sale e pepe, mettete su una teglia. Mettete in friggitrice a 230° C e cuocere per 20 minuti.
3. Estraete le barbabietole dalla friggitrice, introducete il salmone e versate l'olio rimanente e il sale e pepe mescolandoli.
4. Unite l'erba cipollina, il prezzemolo e il dragoncello in una ciotola, poi versatene una parte sul salmone.
5. Di nuovo, portate in friggitrice e cuocete per 15 minuti.
6. Nel frattempo, in un tegame mettete la buccia di limone e

gli scalogni, mescolate e portate a ebolizzione versando anche il succo di limone, il peperoncino e il resto delle erbe.
7. Unite 2 cucchiai di scalogno alle verdure miste e mescolate delicatamente.
8. Togliete quindi il salmone dalla friggitrice, mettete di lato nei piatti, aggiungete le barbabietole e le verdure dall'altro lato. Versate il restante condimento e servite subito.
9. Buon appetito!

Valori nutrizionali: Kcal: 312, Grassi: 2g, Fibre: 2g, Proteine: 4g.

Capitolo 6. Ricette di carni bianche

35. Petto d'anatra alla ciliegia

Tempo di preparazione: 25 min circa | Dosi per: 4 persone | Difficoltá: Media

Ingredienti:

- 100 gr. di zucchero

- 30 gr. di miele

- 40 ml. di aceto balsamico

- 1 cucchiaino di aglio, a cubetti

- 1 cucchiaio di zenzero grattugiato

- 1 cucchiaino di cumino

- 1/2 cucchiaino di chiodo di garofano macinato

- 1/2 cucchiaino di cannella in polvere

- 1 peperoncino jalapeno, a pezzetti

- 240 gr. di rabarbaro tagliato a pezzi

- 25 gr. di cipolla gialla a pezzettini

- 230 gr. di ciliegie schiacciate

- Quattro petti d'anatra con la pelle, disossati e incisi

- Sale e pepe q.b

Procedimento:

1. Condite il petto d'anatra con sale e peperoncino, mettetelo in friggitrice e cuocete a 170° C, per cinque minuti su ciascun lato.
2. Nel frattempo, preparate una casseruola a fuoco medio, aggiungete il burro, l'aglio, versate l'aceto, e le spezie: cumino, chiodo di garofano, cannella, infine unite il peperoncino jalapeno, il rabarbaro e le ciliegie. Mescolate e portate

a ebollizione per dieci minuti.
3. Aggiungete i petti d'anatra, saltateli con i condimenti, distribuite nei piatti e servite.
4. Buon appetto!

Valori nutrizionali: Kcal: 456, Grassi: 13g, Fibre: 4g, Carboidrati: 64g, Proteine: 31g.

36. Petto d'anatra in salsa al lampone

Tempo di preparazione: 25 min circa | Dosi per: 4 persone | Difficoltá: Media

Ingredienti:

- 2 petti d'anatra, con la pelle
- Sale e pepe q.b
- Olio spray

- 1/2 cucchiaino di cannella in polvere

- 60 gr. di lamponi

- 1 cucchiaino di zucchero

- 1 cucchiaino di vino rosso

- 120 ml. di acqua

Procedimento:

1. Condite i petti d'anatra con sale e pepe, ricopriteli con l'olio spray. Posizionateli nella friggitrice calda, mettendo la pelle verso il basso e cuocete a 170° C per 10 minuti.
2. Scaldate una pentola d'acqua a fiamma media, aggiungete il framboise, la cannella e lo zucchero. Mescolate, fate bollire, e passate al mixer, formando una purea rimettetela poi nella casseruola.
3. Trasferite i petti d'anatra fritta nella padella,

capovolgeteli, dividete tra i piatti e servite.
4. Buon appetto!

Valori nutrizionali: Kcal: 456, Grassi: 22g, Carboidrati:14g, Proteine: 45g.

37. Petto d'anatra con salsa ai fichi

Tempo di preparazione: 30 min circa | Dosi per: 4 persone | Difficoltá: Media

Ingredienti:

- 2 petti d'anatra, con la pelle
- 1 cucchiaino di olio d'oliva
- 1/2 cucchiaino di timo
- Un pizzico di aglio tritato
- 30 gr. di paprika
- Sale e pepe q.b

- 45 gr. di burro, fuso
- 1 scalogno, tagliato finemente
- 120 ml. di vino rosso tipo Port
- 60 gr. di fichi
- 130 gr. di farina

Procedimento:

1. Condite i petti d'anatra con sale e pepe, versate metà del burro fuso. Mescolate bene, mettete nel cestello della vostra friggitrice e cuocete a 180° C per 5 minuti, per ciascun lato.

2. Nel frattempo, riempite una casseruola con olio d'oliva e il burro rimanente. Scaldate a fiamma media, incorporate lo scalogno, mescolate e fate cuocere a fuoco lento per due minuti.
3. Miscelate il timo, l' aglio in polvere, la paprika, il peperoncino, insieme al vino e ai fichi, e riscaldate per 7-8 minuti.
4. Fate sobbollire fino a quando il composto si addensa un po'.
5. Dividete i petti d'anatra nei piatti, insieme alla salsa e servite con i fichi sparsi sul piatto.
6. Buon appetto!

Valori nutrizionali: Kcal: 246, Grassi: 12g, Carboidrati: 22g, Proteine: 3g.

38. Petti d'anatra in salsa rossa-arancio

Tempo di preparazione: 45 min circa | Dosi per: 4 persone | Difficoltá: Media

Ingredienti:

- 500 gr. di miele
- 400 ml. di succo d'arancia
- 900 ml. di vino rosso
- 30 ml. di aceto di sherry
- 400 ml. di brodo di pollo
- 2 cucchiaini di spezia alla zucca e cannella
- 450 gr. di burro
- 2 petti d'anatra, con la pelle
- 30 ml. di olio d'oliva
- Sale e pepe q.b

Procedimento:

1. Scaldate una casseruola con il succo d'arancia a fuoco medio, aggiungete lo zucchero, sbattete bene e continuate a cuocere per 10 minuti.
2. Aggiungete il vino, l'aceto, il brodo, le spezie e il burro, mescolate bene e cuocete per 10 minuti mantenendo la fiamma bassa.
3. Condite i petti d'anatra con sale e pepe, friggeteli con l'olio d'oliva, mettendoli nella friggitrice preriscaldata a 180 °C e cuocete su entrambi i lati per 7 minuti.
4. Iniziate a dividere i petti d'anatra nei piatti, versate il vino e il succo d'arancia sopra. Servite subito e buon appetto!

Valori nutrizionali: Kcal: 300, Grassi: 8g, Carboidrati: 24g, Proteine: 11g.

39. Pollo alla Mediterranea

Tempo di preparazione: 25 min circa | Dosi per: 4 persone | Difficoltá: Media

Ingredienti:

- 1l. di olio d'oliva
- Succo di 1 limone
- 1 cucchiaino di origano
- 3 spicchi d'aglio tritati
- 450 gr. di cosce di pollo
- Sale e pepe q.b
- 220 gr. di asparagi,spuntati
- 1 zucchina, grattugiata
- 1 limone a fette

Procedimento:

1. Mescolate le cosce di pollo con l'olio in un piatto resistente al calore e adatto alla friggitrice. Aggiungete il succo di limone, l'origano, l'aglio, il sale, il peperoncino, gli asparagi, le zucchine e le fette di lime. Agitate bene, e friggete nella friggitrice preriscaldata a 190° C per 15 minuti.
2. Distribuite il tutto nei piatti e servite.
3. Buon appetito!

Valori nutrizionali: Kcal: 300, Grassi: 8g, Carboidrati: 12g, Zuccheri 20g, Proteine: 18g.

40. Petto di pollo farcito con verdure

Tempo di preparazione: 25 min circa | Dosi per: 4 persone | Difficoltá: Media

Ingredienti:

- 4 petti di pollo, senza pelle e disossati
- 2 cucchiaini di olio d'oliva
- Sale e pepe q.b
- 1 zucchina, a fettine
- 1 cucchiaino di condimento alle erbe miste italiane
- 2 peperoni tagliati a cubetti
- 3 pomodori a fette
- 1 cipolla rossa, a fette
- 225 gr. di mozzarella, a pezzettini

Procedimento:

1. Incidete il petto di pollo creando una taschina, condite con sale, e cospargetelo di olio d'oliva.
2. Unite le zucchine e il condimento italiano in una ciotola, i peperoni, la cipolla e i pomodori, e mescolate.
3. Farcite quindi i petti di pollo con questa miscela, cospargeteli con la mozzarella. Metteteli nel cestello della vostra friggitrice e cuocete a 170° C per 15 minuti.
4. Dividete nei piatti e servite.
5. Buon appetto!

Valori nutrizionali: Kcal: 300, Grassi: 12g, Fibre: 7g, Carboidrati: 22g, Proteine: 18g.

Capitolo 7. Ricette di dolci e dessert

41. Torta al pomodoro

Tempo di preparazione: 40 min circa | Dosi per: 4 persone | Difficoltá: Media

Ingredienti:

- 170 gr. di farina
- 1 cucchiaino di cannella in polvere
- 1 cucchiaino di lievito in polvere
- 1 cucchiaino di bicarbonato
- 800 ml. di sciroppo d'acero
- 200 gr. di pomodoro tagliato a fette
- 125 ml. di olio d'oliva
- 2 cucchiaini di aceto di mele

Procedimento:

1. Miscelate la farina e il lievito in polvere, insieme al bicarbonato e alla cannella in una ciotola, e mescolate bene con lo sciroppo d'acero.
2. Unite quindi i pomodori con l'olio d'oliva e l'aceto in un'altra ciotola e mescolateli bene.
3. Integrate i composti e amalgamate bene. Versate tutto in una teglia rotonda adatta alla vostra friggitrice, inseritela nella friggitrice e cuocete a 180° C per 30 minuti.
4. Lasciate raffreddare la torta, tagliatela a fette e servite.
5. Buon appetto!

Valori nutrizionali: Kcal: 153, Grassi: 2g, Fibre: 1g, Carboidrati: 25g, Proteine: 4g.

42. Barrette al cioccolato e melograno

Tempo di preparazione: 2h 10 min circa | Dosi per: 6 persone | Difficoltá: Difficile

Ingredienti:

- 125 ml. di latte

- 1 cucchiaino di estratto di vaniglia

- 240 gr. di cioccolato fondente

- 70 gr. di mandorle sgusciate

- 60 gr. di semi di melograno

Procedimento:

1. Scaldate una casseruola con il latte a fiamma bassa, aggiungete il cioccolato, mescolate con una frusta. Togliete dal fuoco per

cinque minuti e incorporate l'estratto di vaniglia, metà dei semi di melograno e metà delle mandorle e mescolate
2. Versate il composto su una teglia foderata, distribuendolo omogeneamente e cospargete con un cucchiaino di sale, il resto delle mandorle e il melograno, mettete poi in friggitrice, e cuocete per 4 minuti a 150° C.
3. Conservate 2 ore in frigorifero prima di servire.
4. Buon appetito!

Valori nutrizionali: Kcal: 68, Grassi: 1g, Fibre: 4g, Carboidrati: 6g, Proteine: 1g.

43. Barrette di mandorle e cioccolato

Tempo di preparazione: 34 min circa | Dosi per: 6 persone | Difficoltá: Media

Ingredienti:

- 60 gr. di pepite di cioccolato
- 145 gr. di mandorle messe a mollo e scolate
- 10 gr. di cacao in polvere
- 60 gr. di semi di canapa
- 60 gr. di bacche di goji
- 60 gr. di scaglie di cocco
- 8 datteri secchi

Procedimento:

1. Mettete le mandorle in una ciotola, incorporate i semi di canapa, le pepite di cioccolato, il cacao in polvere, le bacche di goji, il cocco e mescolate bene.
2. Aggiungete i datteri, amalgamate bene e spargete su una teglia bordata adatta alla vostra friggitrice e cuocete per 4 minuti a 160°C.
3. Dividete in parti uguali e tenete in frigo per 30 minuti prima di servire.
4. Buon appetito!

Valori nutrizionali: Kcal: 140, Grassi: 6g, Fibre: 3g, Carboidrati: 7g, Proteine: 19g.

44. Dolce ai mirtilli

Tempo di preparazione: 35 min circa | Dosi per: 6 persone | Difficoltá: Media

Ingredienti:

- 260 gr. di farina
- 310 gr. di avena
- 1,5 kg.di mirtilli
- 1 panetto di burro, fuso
- 125 gr. di noci, tritate grossolanamente
- 45 ml. di sciroppo d'acero
- 2 cucchiai di rosmarino

Procedimento:

1. Disponete i mirtilli in una teglia unta e metteteli da parte.
2. Mescolate l'avena secca con la farina, le noci, lo zucchero e lo sciroppo d'acero nella vostra ciotola, aggiungete il rosmarino, facendo amalgamare bene gli ingredienti, versate poi sui mirtilli, miscelate e friggete il tutto nella vostra friggitrice cuocendo per 25 minuti a 170°C.
3. Lasciate raffreddare il dolce, capovolgetelo, tagliatelo a fette e servitelo.
4. Buon appetito!

Valori nutrizionali: Kcal: 150, Grassi: 3g, Carboidrati:7g, Proteine: 4 g.

45. Torta al mandarino

Tempo di preparazione: 30 min circa | Dosi per: | Difficoltá: Media

Ingredienti:

- 150 gr. di zucchero
- 260 gr. di farina
- 60 ml. di olio d'oliva
- 120 ml. di latte
- 1 cucchiaino di aceto di mela
- 1/2 cucchiaino di estratto di vaniglia
- 2 limoni succo e scorza
- 1 mandarino succo e scorza
- 2 mandarini per decorare

Procedimento:

1. Mescolate la farina e lo zucchero in una ciotola, e frullatela.
2. Unite l'olio con lo zucchero, l'aceto, l'estratto di vaniglia e il succo di limone in un'altra ciotola, aggiungete il mandarino e la scorza, e mescolate molto bene.
3. Aggiungete infine il latte, mescolando bene e versate il tutto in una teglia per dolci adatta alla vostra friggitrice. Mettete a cuocere per 20 minuti a 180° C.
4. Servite decorando con fette di mandarino sopra.
5. Buon appetito!

Valori nutrizionali: Kcal: 190, Grassi: 1g, Carboidrati: 4g, Proteine: 4g.

46. Torta con ricotta e limone

Tempo di preparazione: 1h 20 min circa | Dosi per: 4 persone | Difficoltá: Media

Ingredienti:

- 8 uova sbattute
- 1kg. di ricotta
- 100 gr. di zucchero
- 1 scorza di limone grattugiata
- 1 scorza di arancia grattugiata
- Burro per imburrare la teglia

Procedimento:

1. In una terrina unite le uova con lo zucchero, aggiungete la ricotta, il limone e la buccia d'arancia e mescolate bene.
2. Imburrate una teglia adatta alla vostra friggitrice e distribuitevi il composto di ricotta, mettetelo quindi nel fornetto della friggitrice a 180° C e fatelo cuocere per 30 minuti.
3. Diminuite il calore a 160° C e cuocete per altri 40 minuti.
4. Togliete la torta dal fornetto e lasciatela raffreddare, quindi servite!
5. Buon appetito!

Valori nutrizionali: Kcal: 110, Grassi: 3g, Fibre: g2, Carboidrati: 3g, Proteine: 4g.

47. Pan di spagna

Tempo di preparazione: 30 min circa | Dosi per: 12 persone | Difficoltá: Media

Ingredienti:

- 380 gr. di farina
- 45 gr. di lievito in polvere
- 60 gr. di amido di mais
- 1 cucchiaino di bicarbonato
- 250 ml. di olio d'oliva
- 360 ml. di latte
- 330 gr. di zucchero
- 470 ml. di acqua
- 60 ml. di succo di limone
- 2 cucchiaini di estratto di vaniglia

Procedimento:

1. In una terrina, mescolate la farina e l'amido di mais, il lievito, il bicarbonato e lo zucchero e sbattete con una frusta.
2. Versate l'olio con il latte, lo zucchero, la vaniglia, il succo di limone in un'altra ciotola e frullate energicamente per 2 minuti.
3. Unite le miscele, facendole amalgamare e versate in una teglia imburrata. Mettetela nella friggitrice, e fatela cuocere a 170° C per 20 minuti.
4. Lasciate raffreddare la torta, tagliatela a fette e servite.
5. Buon appetito!

Valori nutrizionali: Kcal: 246, Grassi: 3g, Carboidrati: 6g, Proteine: 2g.

48. Tortine alla fragola

Tempo di preparazione: 1h 5 min circa | Dosi per: 6 persone | Difficoltá: Media

Ingredienti:

- Staccante

- 50 gr. di zucchero

- 350 gr. di farina

- 1 cucchiaino di lievito in polvere

- Un pizzico di bicarbonato

- 75 gr. di burro

- 240 ml. di latticello

- 1 uovo sbattuto

- 400 gr. di fragole tagliate

- 1 cucchiaio di rum

- 1 cucchiaio di menta tritata

- 1 scorza di limone
- 120 gr. di panna da montare

Procedimento:

1. Mischiate la farina e il burro in una ciotola, aggiungete il lievito in polvere, il bicarbonato di sodio e girate con un cucchiaio.
2. Unite il latticello e l'uovo in un'altra ciotola, sbattete, aggiungete alla miscela di farina mescolando con una frusta.
3. Versate questo impasto in sei vasetti unti d'olio, copriteli con carta stagnola e metteteli nella friggitrice per 45 minuti a 180°C.
4. Nel frattempo, unite le fragole con tre cucchiai di zucchero in una ciotola,aggiungete il rum, la scorza del limone, la menta, mescolate e mettete da parte in un luogo freddo.

5. Mescolate la panna montata con 1 cucchiaio di zucchero in un altro recipiente, poi frullate con uno sbattitore.
6. Sfornate i vasetti, distribuite il mix di fragole in cima e servite con la panna montata.
7. Buon appetito!

Valori nutrizionali: Kcal: 164, Grassi: 2g, Fibre: 5g, Carboidrati: 3g, Proteine: 2g.

Capitolo 8. Ricette per il pranzo

49. Sformato di patate

Tempo di preparazione: 45 min circa | Dosi per: 4 persone | Difficoltá: Media

Ingredienti:

- 3 pounds of sweet potatoes, scrubbed
- 60 ml. di latte
- ½ cucchiaino di noce moscata
- 30 gr. di farina
- ¼ teaspoon of allspice, ground
- Sale q.b

Per la sbriciolata:

- 25 gr. di farina di mandorle
- 60 gr. di noci
- 30 gr. di noci pecan tritate

- 60 gr. di scaglie di cocco
- 1 cucchiaio di semi di chia
- 60 gr. di zucchero
- 1 cucchiaino di cannella in polvere
- 75 gr. di burro

Procedimento:

1. Mettete le patate nel cestello della vostra friggitrice ad aria, punzecchiatele con una forchetta e cuocetele per 30 minuti a 180° C.
2. Nel frattempo, unite in una ciotola la farina di mandorle con le noci pecan, le noci, il cocco, insieme allo zucchero, ai semi di chia, 1 cucchiaino di cannella e aggiungete infine il burro e mescolate.
3. Spostate le patate su un tagliere, lasciatele raffreddare, sbucciatele e mettetele in una teglia adatta alla vostra friggitrice.

4. Miscelate il latte, la cannella, la noce moscata e il pepe.
5. Disponete sopra il composto di sbriciolata preparato in precedenza, mettete il piatto nel cestello della friggitrice e cuocete per 8 minuti a 200° C.
6. Distribuite nei piatti e servite come contorno.
7. Buon appetito!

Valori nutrizionali: Kcal: 162, Grassi: 4g, Fibre: 8g, Carboidrati: 18g, Proteine: 4g.

50. Carciofi al limone

Tempo di preparazione: 25 min circa | Dosi per: 4 persone | Difficoltá: Facile

Ingredienti:

- 2 carciofi di media grandezza, spuntate le estremita' e divideteli a meta'
- Olio spray

- 30 ml. di succo di limone
- Sale e pepe q.b

Procedimento:

1. Ungete la vostra friggitrice con olio spray, aggiungete i carciofi, versate il succo di limone e cospargete di sale e pepe nero e cuoceteli a 190° C per 15 minuti.
2. Divideteli tra i piatti e serviteli come contorno.
3. Buon appetito!

Valori nutrizionali: Kcal: 121, Grassi: 3g, Fibre: 6g, Carboidrati: 9g, Proteine: 4g.

Conclusione

Oltre ad essere un modo più sano di mangiare (il più grande vantaggio di queste friggitrici), un altro vantaggio delle friggitrici ad aria calda è che sono molto più pulite, in due modi. Da un lato, non dovremo preoccuparci che l'olio salti fuori e macchi il piano di lavoro, né che lasci un odore di fritto in tutta la casa.

Dall' altro lato, sono molto facili da pulire; ci sono molti modelli di questo tipo di friggitrici che possono essere messe direttamente in lavastoviglie. In ogni caso, anche quando si lavano a mano, sono decisamente più facili e veloci da pulire, dato che non dovremo fare lo sforzo di rimuovere il grasso dell'olio.

Infine, il vantaggio più convincente per molti di noi è che questo tipo di friggitrice ad aria calda ci farà anche risparmiare molti soldi.

Dovendo investire solo un cucchiaio d'olio, consumeremo meno e, senza dubbio, vedremo come le nostre bottiglie d'olio dureranno molto più a lungo.

Sicuramente uno dei vantaggi più importanti che questo tipo di friggitrice offre, è la facilità con cui possiamo mangiare piatti deliziosi con pochissimi grassi. Non dovendo usare l'olio per friggere, possiamo mangiare piatti elaborati e ben più sani. Il nostro cibo manterrà tutto il suo sapore e le sue proprietà con molti meno grassi rispetto ad una friggitrice tradizionale.

In conclusione, potremo preparare un numero infinito di ricette, molte di più che in una friggitrice normale. Nelle friggitrici ad olio, molti prodotti (come il pesce o la carne senza impanatura) non possono essere cucinati perché finirebbero impregnati di olio e sarebbero troppo pesanti. Al contrario, nella friggitrice ad aria non abbiamo questo problema.

CPSIA information can be obtained
at www.ICGtesting.com
Printed in the USA
BVHW072259270421
605952BV00013B/1487